Vom kleinen Raben Socke gibt es viele lustige und spannende Geschichten,
fröhliche Accessoires und eine Kindergarten- und Vorschul-Lernreihe.
Zu entdecken unter: www.allesrabesocke.de

FSC
www.fsc.org
MIX
Papier aus ver-
antwortungsvollen
Quellen
FSC® C020056

© 2011 Esslinger Verlag J. F. Schreiber
Anschrift: Postfach 10 03 25, 73703 Esslingen
www.esslinger-verlag.de
ISBN 978-3-480-22814-0

Alle meine Freunde

Dieses Freundebuch gehört:

- - - - - - - - - - - - - - - -

esslinger

Das ist mein Buch!

Ich heiße _ _ _ _ _ _ _ _ _ _ _ _ _

_ _

Geboren bin ich am _ _ _ _ _ _ _ _ _ _

in _

Mein Sternzeichen ist _ _ _ _ _ _ _ _ _ _ _ _ _ _ _

Foto oder gemaltes Bild

Zu meiner Familie gehören _ _ _ _ _ _ _ _ _ _ _ _

_ _

Ich wohne _ _ _ _ _ _ _ _ _ _ _ _ _ _ _ _

_ _

Meine Telefonnummer _ _ _ _ _ _ _ _ _ _ _ _ _ _

Mein besonderes Kennzeichen _ _ _ _ _ _ _ _ _ _ _ _ _ _ _ _ _ _ _

Ich bin _ _ _ _ _ _ groß, habe _ _ _ _ _ _ _ Augen

und _ _ _ _ _ _ _ _ _ _ _ _ _ _ _ _ _ Haare.

Das habe ich gemalt oder gebastelt.

Das mache ich am liebsten _ _ _ _ _ _ _ _ _ _ _ _ _ _ _ _ _ _

_ _

Das kann ich supergut _ _ _ _ _ _ _ _ _ _ _ _ _ _ _ _ _

Das finde ich rabenstark _ _ _ _ _ _ _ _ _ _ _ _ _ _ _

Das mag ich gar nicht _ _ _ _ _ _ _ _ _ _ _ _ _ _ _ _

Meine Lieblings-Farbe _ _ _ _ _ _ _ _ _ _ _ _ _ _ _ _

Mein Lieblings-Essen _ _ _ _ _ _ _ _ _ _ _ _ _ _ _ _

Mein Lieblings-Buch _ _ _ _ _ _ _ _ _ _ _ _ _ _ _ _

Das höre ich gerne

Dieses Tier finde ich toll _ _ _ _ _ _ _ _ _ _ _ _ _ _

Ich verkleide mich gerne als _ _ _ _ _ _ _ _ _ _ _ _

Ich spiele gerne _ _ _ _ _ _ _ _ _ _ _ _ _ _ _ _

Wenn ich König/Königin wäre, würde ich _ _ _ _ _ _ _

_ _

Mein schönstes Erlebnis _ _ _ _ _ _ _ _ _ _ _ _ _ _ _ _ _ _ _

_ _

_ _

Das würde ich gerne mal machen _ _ _ _ _ _ _ _ _ _ _ _ _ _ _

_ _

Ich mag meine Freunde, weil _ _ _ _ _ _ _ _ _ _ _ _ _ _ _ _

_ _

Ein gemaltes Bild oder ein tolles Foto von mir.

Geburtstagskalender

Januar

Datum: Name:

- - - - - - - - - - - - - - - - -

- - - - - - - - - - - - - - - - -

- - - - - - - - - - - - - - - - -

- - - - - - - - - - - - - - - - -

- - - - - - - - - - - - - - - - -

Februar

Datum: Name:

- - - - - - - - - - - - - - - - -

- - - - - - - - - - - - - - - - -

- - - - - - - - - - - - - - - - -

- - - - - - - - - - - - - - - - -

- - - - - - - - - - - - - - - - -

März

Datum: Name:

- -

- -

- -

- -

- -

April

Datum: Name:

- -

- -

- -

- -

- -

Mai

Datum: Name:

- -

- -

- -

- -

- -

Juni

Datum: Name:

- -

- -

- -

- -

Juli

Datum: Name:

- - - - - - - - - - - - - - -

- - - - - - - - - - - - - - -

- - - - - - - - - - - - - - -

- - - - - - - - - - - - - - -

- - - - - - - - - - - - - - -

August

Datum: Name:

- - - - - - - - - - - - - - -

- - - - - - - - - - - - - - -

- - - - - - - - - - - - - - -

- - - - - - - - - - - - - - -

- - - - - - - - - - - - - - -

September

Datum: Name:

- - - - - - - - - - - - - - -

- - - - - - - - - - - - - - -

- - - - - - - - - - - - - - -

- - - - - - - - - - - - - - -

- - - - - - - - - - - - - - -

Oktober

Datum: Name:

- - - - - - - - - - - - - - -

- - - - - - - - - - - - - - -

- - - - - - - - - - - - - - -

- - - - - - - - - - - - - - -

- - - - - - - - - - - - - - -

November

Datum: Name:

- - - - - - - - - - - - - - - - - -

- - - - - - - - - - - - - - - - - -

- - - - - - - - - - - - - - - - - -

- - - - - - - - - - - - - - - - - -

- - - - - - - - - - - - - - - - - -

- - - - - - - - - - - - - - - - - -

Dezember

Datum: Name:

- - - - - - - - - - - - - - - - - -

- - - - - - - - - - - - - - - - - -

- - - - - - - - - - - - - - - - - -

- - - - - - - - - - - - - - - - - -

- - - - - - - - - - - - - - - - - -

- - - - - - - - - - - - - - - - - -

Foto von meinem Geburtstagsfest.

Huhu!

Ich heiße _ _ _ _ _ _ _ _ _ _ _ _ _ _ _ _ _ _ _

_ _

Geboren bin ich am _ _ _ _ _ _ _ _ _ _ _ _

in _

Mein Sternzeichen ist _ _ _ _ _ _ _ _ _ _ _ _

Foto oder gemaltes Bild

Zu meiner Familie gehören _ _ _ _ _ _ _ _ _ _ _ _

_ _

Ich wohne _

_ _

Meine Telefonnummer _ _ _ _ _ _ _ _ _ _ _ _ _ _

Mein besonderes Kennzeichen _ _ _ _ _ _ _ _ _ _ _ _

Ich bin _ _ _ _ _ _ groß, habe _ _ _ _ _ _ _ _ _ Augen

und _ _ _ _ _ _ _ _ _ _ _ _ _ _ _ _ _ Haare.

Das habe ich für dich gemalt oder gebastelt.

Das mache ich am liebsten - - - - - - - - - - - - - - - -

- - - - - - - - - - - - - - - - -

Das kann ich supergut - - - - - - - - - - - - - - - - -

Das finde ich rabenstark - - - - - - - - - - - - - - -

Das mag ich gar nicht - - - - - - - - - - - - - - - -

Meine Lieblings-Farbe - - - - - - - - - - - - - - - -

Mein Lieblings-Essen - - - - - - - - - - - - - - - - -

Mein Lieblings-Buch - - - - - - - - - - - - - - - - - -

Das höre ich gerne - - - - - - - - - - - - - - - - - -

Dieses Tier finde ich toll - - - - - - - - -

Ich verkleide mich gerne als - - - - - - - -

Ich spiele gerne - - - - - - - - - - - - -

Wenn ich König/Königin wäre, würde ich - - - - - - -

- -

Mein schönstes Erlebnis - - - - - - - - - - - - - -

- -

- -

Das würde ich gerne mal mit dir machen - - - - - -

- -

Ich mag dich, weil - - - - - - - - - - - - - - - - - -

- -

Ein gemaltes Bild oder ein Foto für dich.

Huhu!

Ich heiße . . . .

. . . .

Geboren bin ich am . . . .

in . . . .

Mein Sternzeichen ist . . . .

Foto oder gemaltes Bild

Zu meiner Familie gehören . . . .

. . . .

Ich wohne . . . .

. . . .

Meine Telefonnummer . . . .

Mein besonderes Kennzeichen . . . .

Ich bin . . . . groß, habe . . . . Augen

und . . . . Haare.

Das habe ich für dich gemalt oder gebastelt.

Das mache ich am liebsten _ _ _ _ _ _ _ _ _ _ _ _ _ _ _ _

_ _

Das kann ich supergut _ _ _ _ _ _ _ _ _ _ _ _ _ _ _

Das finde ich rabenstark _ _ _ _ _ _ _ _ _ _ _ _ _ _

Das mag ich gar nicht _ _ _ _ _ _ _ _ _ _ _ _ _ _ _ _

Meine Lieblings-Farbe _ _ _ _ _ _ _ _ _ _ _ _ _ _ _ _

Mein Lieblings-Essen _ _ _ _ _ _ _ _ _ _ _ _ _ _ _ _

Mein Lieblings-Buch _ _ _ _ _ _ _ _ _ _ _ _ _ _

Das höre ich gerne _ _ _ _ _ _ _ _ _ _ _ _ _ _ _ _ _

Dieses Tier finde ich toll _ _ _ _ _ _ _ _ _ _ _ _ _ _

Ich verkleide mich gerne als _ _ _ _ _ _ _ _ _ _ _ _

Ich spiele gerne _ _ _ _ _ _ _ _ _ _ _ _ _ _ _ _ _ _

Wenn ich König/Königin wäre, würde ich _ _ _ _ _ _

_ _

Mein schönstes Erlebnis _ _ _ _ _ _ _ _ _ _ _ _ _ _

_ _

_ _

Das würde ich gerne mal mit dir machen _ _ _ _ _ _ _ _

_ _

Ich mag dich, weil _

_ _

Ein gemaltes Bild oder ein Foto für dich.

Foto oder gemaltes Bild

Huhu!

Ich heiße -

- -

Geboren bin ich am - - - - - - - - - - - - - -

in -

Mein Sternzeichen ist - - - - - - - - - - - -

Zu meiner Familie gehören - - - - - - - - - - - - - - - - -

- -

Ich wohne -

- -

Meine Telefonnummer - - - - - - - - - - - - - - - -

Mein besonderes Kennzeichen - - - - - - - - - - - - - -

Ich bin - - - - - - groß, habe - - - - - - - - - - - Augen

und - - - - - - - - - - - - - - - - - - Haare.

Das habe ich für dich gemalt oder gebastelt.

Das mache ich am liebsten

Das kann ich supergut _ _ _ _ _ _ _ _ _ _ _ _ _ _ _

Das finde ich rabenstark _ _ _ _ _ _ _ _ _ _ _ _ _ _

Das mag ich gar nicht _ _ _ _ _ _ _ _ _ _ _ _ _ _ _ _

Meine Lieblings-Farbe _ _ _ _ _ _ _ _ _ _ _ _ _ _ _ _

Mein Lieblings-Essen _

Mein Lieblings-Buch _ _ _ _ _ _ _ _ _

Das höre ich gerne _ _ _ _ _ _ _ _ _ _ _ _

Dieses Tier finde ich toll _ _ _ _ _ _ _ _ _ _ _ _

Ich verkleide mich gerne als _ _ _ _ _ _ _ _ _ _ _ _ _ _ _ _

Ich spiele gerne _ _ _ _ _ _ _ _ _ _ _ _ _ _ _ _ _ _ _

Wenn ich König/Königin wäre, würde ich _ _ _ _ _ _ _ _ _

_ _ _ _ _ _ _ _ _ _ _ _ _ _ _ _ _ _ _ _

Mein schönstes Erlebnis - - - - - - - - - - - - - - - -

- -

- -

Das würde ich gerne mal mit dir machen - - - - - - - -

- -

Ich mag dich, weil - - - - - - - - - - - - - - - - - - -

- -

Ein gemaltes Bild oder ein Foto für dich.

Huhu!

Ich heiße -

- -

Geboren bin ich am - - - - - - - - - - - - - -

in -

Mein Sternzeichen ist - - - - - - - - - - - - - -

Foto oder gemaltes Bild

Zu meiner Familie gehören - - - - - - - - - -

- -

Ich wohne - - - - - - - - - - - - - - - - - -

- -

Meine Telefonnummer - - - - - - - - - - - - -

Mein besonderes Kennzeichen -

Ich bin - - - - - - groß, habe - - - - - - - - - - - - - Augen

und - - - - - - - - - - - - - - - - - Haare.

Das habe ich für dich gemalt oder gebastelt.

Das mache ich am liebsten _ _ _ _ _ _ _ _ _ _ _ _ _ _ _ _ _

_ _

Das kann ich supergut _ _ _ _ _ _ _ _ _ _ _ _ _ _ _ _ _ _

Das finde ich rabenstark _ _ _ _ _ _ _ _ _ _ _ _ _ _ _ _ _

Das mag ich gar nicht _ _ _ _ _ _ _ _ _ _ _ _ _ _ _ _ _ _

Meine Lieblings-Farbe _ _ _ _ _ _ _ _ _ _ _ _ _ _ _

Mein Lieblings-Essen _ _ _ _ _ _ _ _ _ _ _ _ _ _ _

Mein Lieblings-Buch _ _ _ _ _ _ _ _ _ _ _ _ _ _ _

Das höre ich gerne _ _ _ _ _ _ _ _ _ _ _ _ _

Dieses Tier finde ich toll _ _ _ _ _ _ _ _ _ _ _

Ich verkleide mich gerne als _ _ _ _ _ _ _ _ _ _ _ _ _ _ _

Ich spiele gerne _

Wenn ich König/Königin wäre, würde ich _ _ _ _ _ _ _ _

_ _

Mein schönstes Erlebnis _ _ _ _ _ _ _ _ _ _ _ _ _ _ _ _ _ _ _

_ _

_ _ _ _ _ _ _ _ _ _ _ _ _ _ _ _ _ _

Das würde ich gerne mal mit dir machen _ _ _ _ _ _ _ _ _ _

_ _

Ich mag dich, weil _ _ _ _ _ _ _ _ _ _ _ _ _ _ _ _ _ _ _

_ _ _ _ _ _ _ _ _ _ _ _ _ _ _

Ein gemaltes Bild oder ein Foto für dich.

Huhu!

Ich heiße _

_ _

Geboren bin ich am _ _ _ _ _ _ _ _ _ _ _

in _

Mein Sternzeichen ist _ _ _ _ _ _ _ _ _ _ _

Foto oder gemaltes Bild

Zu meiner Familie gehören _ _ _ _ _ _ _ _ _ _

_ _

Ich wohne _ _ _ _ _ _ _ _ _ _ _ _ _ _ _ _ _ _ _

_ _

Meine Telefonnummer _ _ _ _ _ _ _ _ _ _ _

Mein besonderes Kennzeichen _ _ _ _ _ _ _ _ _

Ich bin _ _ _ _ _ _ groß, habe _ _ _ _ _ _ _ _ _ _ _ Augen

und _ _ _ _ _ _ _ _ _ _ _ _ _ _ Haare.

Das habe ich für dich gemalt oder gebastelt.

Das mache ich am liebsten - - - - - - - - - - - - - - - - - -

- - - - - - - - - - - - - - - - - -

Das kann ich supergut

Das finde ich rabenstark -

Das mag ich gar nicht - - - - - - - - - - - - - - - - -

Meine Lieblings-Farbe -

Mein Lieblings-Essen -

Mein Lieblings-Buch -

Das höre ich gerne -

Dieses Tier finde ich toll - - - - - - - - - - - -

Ich verkleide mich gerne als - - - - - - - - -

Ich spiele gerne - - - - - - - - - - - - - - - - -

Wenn ich König/Königin wäre, würde ich

- -

Mein schönstes Erlebnis _ _ _ _ _ _ _ _ _ _ _ _ _

_ _

_ _

Das würde ich gerne mal mit dir machen _ _ _ _ _

_ _

Ich mag dich, weil _ _ _ _ _ _ _ _ _ _ _ _ _ _ _ _

_ _

Ein gemaltes Bild oder ein Foto für dich.

Huhu!

Ich heiße ....

....

Geboren bin ich am _ _ _ _ _ _ _ _ _ _ _ _

in _

Mein Sternzeichen ist _ _ _ _ _ _ _ _ _ _ _ _ _ _ _ _ _ _

Foto oder gemaltes Bild

Zu meiner Familie gehören _ _ _ _ _ _ _ _ _ _ _

_ _

Ich wohne _ _ _ _ _ _ _ _ _ _ _ _ _ _ _ _

_ _

Meine Telefonnummer _ _ _ _ _ _ _ _ _ _ _

Mein besonderes Kennzeichen _

Ich bin _ _ _ _ _ _ groß, habe _ _ _ _ _ _ _ _ _ _ _ _ _ Augen

und _ _ _ _ _ _ _ _ _ _ _ _ _ _ _ _ _ _ Haare.

Das habe ich für dich gemalt oder gebastelt.

Das mache ich am liebsten _ _ _ _ _ _ _ _ _ _ _ _ _

_ _

Das kann ich supergut _ _ _ _ _ _ _ _ _ _ _ _ _ _ _

Das finde ich rabenstark _ _ _ _ _ _ _ _ _ _ _ _ _ _

Das mag ich gar nicht _ _ _ _ _ _ _ _ _ _ _ _ _ _ _ _

Meine Lieblings-Farbe _ _ _ _ _ _ _ _ _ _ _ _ _ _ _ _

Mein Lieblings-Essen _ _ _ _ _ _ _ _ _ _ _ _ _ _ _ _

Mein Lieblings-Buch _ _ _ _ _ _ _ _ _ _ _ _ _ _ _ _

Das höre ich gerne _ _ _ _ _ _ _ _ _ _ _ _ _ _ _ _ _

Dieses Tier finde ich toll _ _ _ _ _ _ _ _ _ _ _ _ _

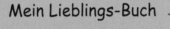

Ich verkleide mich gerne als _ _ _ _ _ _ _ _ _ _ _ _

Ich spiele gerne _ _ _ _ _ _ _ _ _ _ _ _ _ _ _ _ _ _

Wenn ich König/Königin wäre, würde ich _ _ _ _ _

_ _

Mein schönstes Erlebnis - - - - - - - - - - - - - -

- -

- -

Das würde ich gerne mal mit dir machen - - - - - - - -

- -

Ich mag dich, weil -

- -

Ein gemaltes Bild oder ein Foto für dich.

Foto oder gemaltes Bild

Huhu!

Ich heiße _ _ _ _ _ _ _ _ _ _ _ _ _ _ _ _ _

_ _

Geboren bin ich am _ _ _ _ _ _ _ _ _ _

in _

Mein Sternzeichen ist _ _ _ _ _ _ _ _ _ _ _ _

Zu meiner Familie gehören _ _ _ _ _ _ _ _ _ _ _ _ _ _ _

_ _

Ich wohne _

_ _

Meine Telefonnummer _ _ _ _ _ _ _ _ _ _ _ _ _ _

Mein besonderes Kennzeichen _ _ _ _ _ _ _ _ _ _ _ _ _

Ich bin _ _ _ _ _ _ groß, habe _ _ _ _ _ _ _ _ _ _ _ _ _ Augen

und _ _ _ _ _ _ _ _ _ _ _ _ _ _ _ _ _ Haare.

Das habe ich für dich gemalt oder gebastelt.

Das mache ich am liebsten

Das kann ich supergut _ _ _ _ _ _ _ _ _ _ _ _ _ _ _ _

Das finde ich rabenstark _ _ _ _ _ _ _ _ _ _ _ _ _

Das mag ich gar nicht _ _ _ _ _ _ _ _ _ _ _ _ _ _ _ _ _

Meine Lieblings-Farbe _ _ _ _ _ _ _ _ _ _ _ _ _ _ _ _ _

Mein Lieblings-Essen _

Mein Lieblings-Buch _ _ _ _ _ _ _ _ _ _ _ _ _ _ _ _

Das höre ich gerne _ _ _ _ _ _ _ _ _ _ _ _ _ _ _ _ _ _

Dieses Tier finde ich toll _ _ _ _ _ _ _ _ _ _ _ _ _ _

Ich verkleide mich gerne als _ _ _ _ _ _ _ _ _ _ _ _ _ _ _ _ _

Ich spiele gerne

Wenn ich König/Königin wäre, würde ich _ _ _ _ _ _ _ _ _ _ _

_ _

Mein schönstes Erlebnis _ _ _ _ _ _ _ _ _ _ _ _ _ _ _ _ _

_ _

_ _

Das würde ich gerne mal mit dir machen _ _ _ _ _ _ _ _ _ _

_ _

Ich mag dich, weil _

_ _

Ein gemaltes Bild oder ein Foto für dich.

Huhu!

Ich heiße -

- -

Geboren bin ich am - - - - - - - - - - - - - - - - -

in -

Mein Sternzeichen ist - - - - - - - - - - - - - - - -

Foto oder gemaltes Bild

Zu meiner Familie gehören - - - - - - - - - - - - -

- -

Ich wohne -

- -

Meine Telefonnummer - - - - - - - - - - - - - - - -

Mein besonderes Kennzeichen -

Ich bin - - - - - - groß, habe - - - - - - - - - - - - Augen

und - Haare.

Das habe ich für dich gemalt oder gebastelt.

Das mache ich am liebsten -

- -

Das kann ich supergut -

Das finde ich rabenstark - - - - - - - - - - - - - - - - - -

Das mag ich gar nicht -

Meine Lieblings-Farbe - - - - - - - - - - - - - - - -

Mein Lieblings-Essen - - - - - - - - - - - - - - - -

Mein Lieblings-Buch - - - - - - - - - - - - - - - -

Das höre ich gerne - - - - - - - - - - - - - - - -

Dieses Tier finde ich toll - - - - - - - - - - - - -

Ich verkleide mich gerne als - - - - - - - - - - - - - - - -

Ich spiele gerne -

Wenn ich König/Königin wäre, würde ich - - - - - - - - - -

- -

Mein schönstes Erlebnis _ _ _ _ _ _ _ _ _ _ _ _ _ _ _ _ _ _ _

_ _

_ _ _ _ _ _ _ _ _ _ _ _ _ _ _ _ _ _ _

Das würde ich gerne mal mit dir machen _ _ _ _ _ _ _ _ _

_ _

Ich mag dich, weil _

_ _

Ein gemaltes Bild oder ein Foto für dich.

Foto oder gemaltes Bild

Huhu!

Ich heiße . . . .

. . . .

Geboren bin ich am . . . .

in . . . .

Mein Sternzeichen ist . . . .

Zu meiner Familie gehören . . . .

. . . .

Ich wohne . . . .

. . . .

Meine Telefonnummer . . . .

Mein besonderes Kennzeichen . . . .

Ich bin . . . . groß, habe . . . . Augen

und . . . . Haare.

Das habe ich für dich gemalt oder gebastelt.

Das mache ich am liebsten - - - - - - - - - - - - - - - -

- -

Das kann ich supergut

Das finde ich rabenstark - - - - - - - - - - - - - - - -

Das mag ich gar nicht - - - - - - - - - - - - - - - -

Meine Lieblings-Farbe - - - - - - - - - - - - - - - -

Mein Lieblings-Essen - - - - - - - - - - - - - - - -

Mein Lieblings-Buch - - - - - - - - - - - - - - - -

Das höre ich gerne - - - - - - - - - - - - - - - -

Dieses Tier finde ich toll - - - - - - - - - -

Ich verkleide mich gerne als - - - - - - - - -

Ich spiele gerne - - - - - - - - - - - - - - -

Wenn ich König/Königin wäre, würde ich

- -

Mein schönstes Erlebnis - - - - - - - - - - - - - - - - -

- -

- -

Das würde ich gerne mal mit dir machen - - - - -

- -

Ich mag dich, weil - - - - - - - - - - - - - - - - -

- -

Ein gemaltes Bild oder ein Foto für dich.

Huhu!

Ich heiße . . . .

. . . .

Geboren bin ich am . . . .

in . . . .

Mein Sternzeichen ist . . . .

Foto oder gemaltes Bild

Zu meiner Familie gehören . . . .

. . . .

Ich wohne . . . .

. . . .

Meine Telefonnummer . . . .

Mein besonderes Kennzeichen . . . .

Ich bin . . . . groß, habe . . . . Augen

und . . . . Haare.

Das habe ich für dich gemalt oder gebastelt.

Das mache ich am liebsten _ _ _ _ _ _ _ _ _ _ _ _ _ _

_ _

Das kann ich supergut _ _ _ _ _ _ _ _ _ _ _ _ _ _ _ _ _

Das finde ich rabenstark _ _ _ _ _ _ _ _ _ _ _ _ _ _ _

Das mag ich gar nicht _ _ _ _ _ _ _ _ _ _ _ _ _ _ _ _ _

Meine Lieblings-Farbe _ _ _ _ _ _ _ _ _ _ _ _ _ _ _ _ _

Mein Lieblings-Essen _ _ _ _ _ _ _ _ _ _ _ _ _ _ _ _ _

Mein Lieblings-Buch _ _ _ _ _ _ _ _ _ _ _ _ _ _ _

Das höre ich gerne _ _ _ _ _ _ _ _ _ _ _ _ _ _ _ _

Dieses Tier finde ich toll _ _ _ _ _ _ _ _ _ _ _ _ _

Ich verkleide mich gerne als _ _ _ _ _ _ _ _ _ _ _

Ich spiele gerne _ _ _ _ _ _ _ _ _ _ _ _ _ _ _ _ _

Wenn ich König/Königin wäre, würde ich _ _ _ _ _

_ _

Mein schönstes Erlebnis _ _ _ _ _ _ _ _ _ _ _ _ _

_ _

_ _ _ _ _ _ _ _ _ _ _ _ _

Das würde ich gerne mal mit dir machen _ _ _ _ _ _ _

_ _

Ich mag dich, weil _ _ _ _ _ _ _ _ _ _ _ _ _ _ _ _ _

_ _

Ein gemaltes Bild oder ein Foto für dich.

Huhu!

Foto oder gemaltes Bild

Ich heiße _

_ _

Geboren bin ich am _ _ _ _ _ _ _ _ _ _ _ _ _

in _

Mein Sternzeichen ist _ _ _ _ _ _ _ _ _ _ _

Zu meiner Familie gehören _ _ _ _ _ _ _ _ _ _ _ _

_ _

Ich wohne _

_ _

Meine Telefonnummer _ _ _ _ _ _ _ _ _ _ _ _ _ _

Mein besonderes Kennzeichen _ _ _ _ _ _ _ _ _ _ _

Ich bin _ _ _ _ _ _ groß, habe _ _ _ _ _ _ _ _ _ _ _ Augen

und _ _ _ _ _ _ _ _ _ _ _ _ _ _ _ _ _ _ Haare.

Das habe ich für dich gemalt oder gebastelt.

Das mache ich am liebsten

Das kann ich supergut

Das finde ich rabenstark

Das mag ich gar nicht

Meine Lieblings-Farbe

Mein Lieblings-Essen

Mein Lieblings-Buch

Das höre ich gerne

Dieses Tier finde ich toll

Ich verkleide mich gerne als

Ich spiele gerne

Wenn ich König/Königin wäre, würde ich

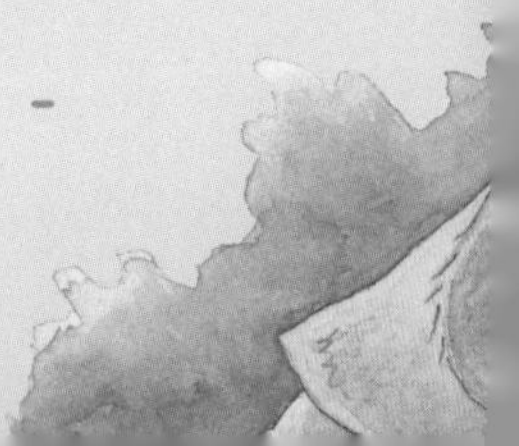

Mein schönstes Erlebnis _ _ _ _ _ _ _ _ _ _ _ _ _ _ _

_ _

_ _ _ _ _ _ _ _ _ _ _ _ _ _ _ _ _ _ _ _

Das würde ich gerne mal mit dir machen _ _ _ _ _ _ _ _

_ _

Ich mag dich, weil _ _ _ _ _ _ _ _ _ _ _ _ _ _ _ _ _ _ _

_ _

Ein gemaltes Bild oder ein Foto für dich.

Huhu!

Ich heiße - - - - - - - - - - - - - - - - - - -

- -

Geboren bin ich am - - - - - - - - - - - - - -

in -

Mein Sternzeichen ist - - - - - - - - - - - -

Foto oder gemaltes Bild

Zu meiner Familie gehören - - - - - - - - -

- -

Ich wohne - - - - - - - - - - - - - - - - - - -

- -

Meine Telefonnummer - - - - - - - - - - - -

Mein besonderes Kennzeichen -

Ich bin - - - - - - groß, habe - - - - - - - - - - - - - Augen

und - - - - - - - - - - - - - - - - - - - Haare.

Das habe ich für dich gemalt oder gebastelt.

Das mache ich am liebsten -

- -

Das kann ich supergut -

Das finde ich rabenstark -

Das mag ich gar nicht -

Meine Lieblings-Farbe - - - - - - - - - - - - - - - - -

Mein Lieblings-Essen - - - - - - - - - - - - - - - - -

Mein Lieblings-Buch - - - - - - - - - - - - - - - -

Das höre ich gerne - - - - - - - - - - - - - -

Dieses Tier finde ich toll - - - - - - - - - - - -

Ich verkleide mich gerne als - - - - - - - - - - - - - - - -

Ich spiele gerne -

Wenn ich König/Königin wäre, würde ich - - - - - - - - -

- -

Mein schönstes Erlebnis _ _ _ _ _ _ _ _ _ _ _ _ _ _ _ _ _ _

_ _

_ _

Das würde ich gerne mal mit dir machen _ _ _ _ _ _ _ _ _ _ _ _

_ _

Ich mag dich, weil _

_ _

Ein gemaltes Bild oder ein Foto für dich.

Foto oder gemaltes Bild

Huhu!

Ich heiße _

_ _

Geboren bin ich am _ _ _ _ _ _ _ _ _ _ _ _ _ _ _

in _

Mein Sternzeichen ist _ _ _ _ _ _ _ _ _ _ _ _ _

Zu meiner Familie gehören _ _ _ _ _ _ _ _ _ _ _ _ _ _ _ _

_ _

Ich wohne _

_ _

Meine Telefonnummer _ _ _ _ _ _ _ _ _ _ _ _ _ _ _ _ _

Mein besonderes Kennzeichen _ _ _ _ _ _ _ _ _ _ _ _ _ _ _ _ _

Ich bin _ _ _ _ _ _ groß, habe _ _ _ _ _ _ _ _ _ _ _ _ _ Augen

und _ _ _ _ _ _ _ _ _ _ _ _ _ _ _ _ _ _ _ Haare.

Das habe ich für dich gemalt oder gebastelt.

Das mache ich am liebsten – – – – – – – – – – – – – – –

– –

Das kann ich supergut – – – – – – – – – – – – – – – – –

Das finde ich rabenstark – – – – – – – – – – – – – – –

Das mag ich gar nicht – – – – – – – – – – – – – – –

Meine Lieblings-Farbe – – – – – – – – – – – – – – – – –

Mein Lieblings-Essen – – – – – – – – – – – – – – – – –

Mein Lieblings-Buch – – – – – – – – – – – – – – – – – –

Das höre ich gerne – – – – – – – – – – – – – – – – – – –

Dieses Tier finde ich toll – – – – – – – – –

Ich verkleide mich gerne als – – – – – – –

Ich spiele gerne – – – – – – – – – – – – – –

Wenn ich König/Königin wäre, würde ich – – – – – –

– –

Mein schönstes Erlebnis - - - - - - - - - - - - - - -

- -

- - - - - - - - - - - - - - - - - - -

Das würde ich gerne mal mit dir machen

- -

Ich mag dich, weil - - - - - - - - - - - - - - - -

- -

Ein gemaltes Bild oder ein Foto für dich.

Huhu!

Ich heiße . . . .

. . . .

Geboren bin ich am . . . .

in . . . .

Mein Sternzeichen ist . . . .

Foto oder gemaltes Bild

Zu meiner Familie gehören . . . .

. . . .

Ich wohne . . . .

. . . .

Meine Telefonnummer . . . .

Mein besonderes Kennzeichen . . . .

Ich bin . . . . groß, habe . . . . Augen

und . . . . Haare.

Das habe ich für dich gemalt oder gebastelt.

Das mache ich am liebsten _ _ _ _ _ _ _ _ _ _ _ _ _ _ _ _

_ _

Das kann ich supergut _ _ _ _ _ _ _ _ _ _ _ _ _ _ _ _ _

Das finde ich rabenstark _ _ _ _ _ _ _ _ _ _ _ _ _ _ _

Das mag ich gar nicht _ _ _ _ _ _ _ _ _ _ _ _ _ _ _ _

Meine Lieblings-Farbe

Mein Lieblings-Essen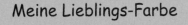

Mein Lieblings-Buch _ _ _ _ _ _ _ _ _ _ _ _ _ _

Das höre ich gerne _ _ _ _ _ _ _ _ _ _ _ _ _ _ _

Dieses Tier finde ich toll _ _ _ _ _ _ _ _ _ _ _ _

Ich verkleide mich gerne als _ _ _ _ _ _ _ _ _ _ _

Ich spiele gerne _ _ _ _ _ _ _ _ _ _ _ _ _ _ _

Wenn ich König/Königin wäre, würde ich _ _ _ _

_ _

Mein schönstes Erlebnis - - - - - - - - - - - - - - -

- -

- -

Das würde ich gerne mal mit dir machen - - - - - -

- -

Ich mag dich, weil - - - - - - - - - - - - - - - - - -

- -

Ein gemaltes Bild oder ein Foto für dich.

Huhu!

Foto oder gemaltes Bild

Ich heiße ‗ ‗ ‗ ‗ ‗ ‗ ‗ ‗ ‗ ‗ ‗ ‗ ‗ ‗

‗ ‗ ‗ ‗ ‗ ‗ ‗ ‗ ‗ ‗ ‗ ‗ ‗ ‗

Geboren bin ich am ‗ ‗ ‗ ‗ ‗ ‗ ‗ ‗

in ‗ ‗ ‗ ‗ ‗ ‗ ‗ ‗ ‗ ‗ ‗ ‗ ‗ ‗ ‗ ‗

Mein Sternzeichen ist ‗ ‗ ‗ ‗ ‗ ‗ ‗ ‗

Zu meiner Familie gehören ‗ ‗ ‗ ‗ ‗ ‗ ‗ ‗ ‗ ‗ ‗ ‗

‗ ‗

Ich wohne ‗ ‗ ‗ ‗ ‗ ‗ ‗ ‗ ‗ ‗ ‗ ‗ ‗ ‗ ‗ ‗

‗ ‗ ‗ ‗ ‗ ‗ ‗ ‗ ‗ ‗ ‗ ‗ ‗ ‗ ‗ ‗ ‗ ‗ ‗

Meine Telefonnummer ‗ ‗ ‗ ‗ ‗ ‗ ‗ ‗ ‗ ‗

Mein besonderes Kennzeichen ‗ ‗ ‗ ‗ ‗ ‗ ‗ ‗ ‗ ‗

Ich bin ‗ ‗ ‗ ‗ ‗ groß, habe ‗ ‗ ‗ ‗ ‗ ‗ ‗ ‗ ‗ Augen

und ‗ ‗ ‗ ‗ ‗ ‗ ‗ ‗ ‗ ‗ ‗ ‗ ‗ ‗ ‗ Haare.

Das habe ich für dich gemalt oder gebastelt.

Das mache ich am liebsten

Das kann ich supergut _ _ _ _ _ _ _ _ _ _ _ _

Das finde ich rabenstark _ _ _ _ _ _ _ _ _ _ _

Das mag ich gar nicht _ _ _ _ _ _ _ _ _ _ _ _ _

Meine Lieblings-Farbe _ _ _ _ _ _ _ _ _ _ _ _ _

Mein Lieblings-Essen _ _ _ _ _ _ _ _ _ _ _ _ _ _ _

Mein Lieblings-Buch _ _ _ _ _ _ _ _ _

Das höre ich gerne _ _ _ _ _ _ _ _ _ _ _

Dieses Tier finde ich toll _ _ _ _ _ _ _ _ _ _

Ich verkleide mich gerne als _ _ _ _ _ _ _ _ _ _ _ _ _

Ich spiele gerne

Wenn ich König/Königin wäre, würde ich _ _ _ _ _ _ _ _

_ _

Mein schönstes Erlebnis - - - - - - - - - - - - - - - - - -

- -

- -

Das würde ich gerne mal mit dir machen - - - - - - - - -

- -

Ich mag dich, weil -

- -

Ein gemaltes Bild oder ein Foto für dich.

Huhu!

Ich heiße _ _ _ _ _ _ _ _ _ _ _ _ _ _ _ _ _

_ _ _ _ _ _ _ _ _ _ _ _ _ _ _ _ _ _ _ _

Geboren bin ich am _ _ _ _ _ _ _ _ _ _ _ _

in _ _ _ _ _ _ _ _ _ _ _ _ _ _ _ _ _ _ _

Foto oder gemaltes Bild

Mein Sternzeichen ist _ _ _ _ _ _ _ _ _ _ _

Zu meiner Familie gehören _ _ _ _ _ _ _ _ _

_ _ _ _ _ _ _ _ _ _ _ _ _ _ _ _ _ _ _ _

Ich wohne _ _ _ _ _ _ _ _ _ _ _ _ _ _ _ _

_ _ _ _ _ _ _ _ _ _ _ _ _ _ _ _ _ _ _ _

Meine Telefonnummer _ _ _ _ _ _ _ _ _ _ _ _

Mein besonderes Kennzeichen _ _ _ _ _ _ _ _ _ _ _ _

Ich bin _ _ _ _ _ _ groß, habe _ _ _ _ _ _ _ _ _ _ Augen

und _ _ _ _ _ _ _ _ _ _ _ _ _ _ _ _ Haare.

Das habe ich für dich gemalt oder gebastelt.

Das mache ich am liebsten -

- -

Das kann ich supergut - - - - - - - - - - - - - - - - - -

Das finde ich rabenstark - - - - - - - - - - - - - - - - -

Das mag ich gar nicht - - - - - - - - - - - - - - - - -

Meine Lieblings-Farbe - - - - - - - - - - - - -

Mein Lieblings-Essen - - - - - - - - - - - - -

Mein Lieblings-Buch - - - - - - - - - -

Das höre ich gerne - - - - - - - - - - - - -

Dieses Tier finde ich toll - - - - - - - - - - - -

Ich verkleide mich gerne als - - - - - - - - - - - -

Ich spiele gerne - - - - - - - - - - - - - -

Wenn ich König/Königin wäre, würde ich - - - - - - - -

- - - - - - - - - - - - - - - - - -

Mein schönstes Erlebnis _

_ _

_ _

Das würde ich gerne mal mit dir machen _ _ _ _ _ _ _ _ _ _ _ _

_ _

Ich mag dich, weil _

_ _

Ein gemaltes Bild oder ein Foto für dich.

Huhu!

Foto oder gemaltes Bild

Ich heiße _ _ _ _ _ _ _ _ _ _ _ _ _ _ _ _

_ _ _ _ _ _ _ _ _ _ _ _ _ _ _ _ _ _ _ _

Geboren bin ich am _ _ _ _ _ _ _ _ _

in _ _ _ _ _ _ _ _ _ _ _ _ _ _ _ _ _ _

Mein Sternzeichen ist _ _ _ _ _ _ _ _ _ _

Zu meiner Familie gehören _ _ _ _ _ _ _ _ _ _ _

_ _

Ich wohne _ _ _ _ _ _ _ _ _ _ _ _ _ _ _ _

_ _

Meine Telefonnummer _ _ _ _ _ _ _ _ _ _ _ _

Mein besonderes Kennzeichen _ _ _ _ _ _ _ _ _ _ _ _ _

Ich bin _ _ _ _ _ _ groß, habe _ _ _ _ _ _ _ _ _ _ _ _ Augen

und _ _ _ _ _ _ _ _ _ _ _ _ _ _ _ _ Haare.

Das habe ich für dich gemalt oder gebastelt.

Das mache ich am liebsten - - - - - - - - - - - - - - - -

- - - - - - - - - - - - - - - - -

Das kann ich supergut

Das finde ich rabenstark - - - - - - - - - - - - - - -

Das mag ich gar nicht - - - - - - - - - - - - - - - -

Meine Lieblings-Farbe - - - - - - - - - - - - - - -

Mein Lieblings-Essen - - - - - - - - - - - - - - - - - -

Mein Lieblings-Buch -

Das höre ich gerne - - - - - - - - - - - - - - - - - - -

Dieses Tier finde ich toll - - - - - - - - - - - - -

Ich verkleide mich gerne als - - - - - - - -

Ich spiele gerne - - - - - - - - - - - - - - -

Wenn ich König/Königin wäre, würde ich - - - - -

- - - - - - - - - - - - - - - - - - - -

Mein schönstes Erlebnis _ _ _ _ _ _ _ _ _ _ _ _ _ _ _ _

_ _

_ _

Das würde ich gerne mal mit dir machen

_ _

Ich mag dich, weil _ _ _ _ _ _ _ _ _ _ _ _ _ _ _

_ _

Ein gemaltes Bild oder ein Foto für dich.

Huhu!

Ich heiße -

- -

Geboren bin ich am - - - - - - - - - - - - -

in -

Mein Sternzeichen ist - - - - - - - - - - - - - - - - -

Foto oder gemaltes Bild

Zu meiner Familie gehören - - - - - - - - - - - -

- -

Ich wohne -

- -

Meine Telefonnummer - - - - - - - - - - - - - - -

Mein besonderes Kennzeichen - - - - - - - - - - - - - - -

Ich bin - - - - - - groß, habe - - - - - - - - - - - - - Augen

und - - - - - - - - - - - - - - - - - Haare.

Das habe ich für dich gemalt oder gebastelt.

Das mache ich am liebsten _ _ _ _ _ _ _ _ _ _

_ _ _ _ _ _ _ _ _ _ _ _ _ _ _ _ _ _ _ _

Das kann ich supergut _ _ _ _ _ _ _ _ _ _ _

Das finde ich rabenstark _ _ _ _ _ _ _ _ _

Das mag ich gar nicht _ _ _ _ _ _ _ _ _ _ _

Meine Lieblings-Farbe _ _ _ _ _ _ _ _ _ _ _

Mein Lieblings-Essen _ _ _ _ _ _ _ _ _ _ _

Mein Lieblings-Buch _ _ _ _ _ _ _ _ _ _

Das höre ich gerne _ _ _ _ _ _ _ _ _ _ _

Dieses Tier finde ich toll _ _ _ _ _ _ _ _

Ich verkleide mich gerne als _ _ _ _ _ _ _ _

Ich spiele gerne _ _ _ _ _ _ _ _ _ _

Wenn ich König/Königin wäre, würde ich _ _ _ _

_ _ _ _ _ _ _ _ _ _ _ _ _ _ _ _ _ _ _ _

Mein schönstes Erlebnis - - - - - - - - - - - -

- -

- -

Das würde ich gerne mal mit dir machen - - - - - - - -

- -

Ich mag dich, weil - - - - - - - - - - - - - - - -

- -

Ein gemaltes Bild oder ein Foto für dich.

Huhu!

Ich heiße _ _ _ _ _ _ _ _ _ _ _ _ _ _ _ _ _

_ _

Geboren bin ich am _ _ _ _ _ _ _ _ _ _ _

in _ _ _ _ _ _ _ _ _ _ _ _ _ _ _ _ _ _ _

Mein Sternzeichen ist _ _ _ _ _ _ _ _ _ _ _

Foto oder gemaltes Bild

Zu meiner Familie gehören _ _ _ _ _ _ _ _ _ _ _ _ _

_ _

Ich wohne _ _ _ _ _ _ _ _ _ _ _ _ _ _ _ _ _ _ _

_ _

Meine Telefonnummer _ _ _ _ _ _ _ _ _ _ _ _ _

Mein besonderes Kennzeichen _ _ _ _ _ _ _ _ _ _ _ _

Ich bin _ _ _ _ _ _ groß, habe _ _ _ _ _ _ _ _ _ _ Augen

und _ _ _ _ _ _ _ _ _ _ _ _ _ _ _ _ Haare.

Das habe ich für dich gemalt oder gebastelt.

Das mache ich am liebsten

Das kann ich supergut _ _ _ _ _ _ _ _ _ _ _ _ _ _ _

Das finde ich rabenstark _ _ _ _ _ _ _ _ _ _ _ _ _

Das mag ich gar nicht _ _ _ _ _ _ _ _ _ _ _ _ _ _ _

Meine Lieblings-Farbe _ _ _ _ _ _ _ _ _ _ _ _ _ _ _

Mein Lieblings-Essen _

Mein Lieblings-Buch _ _ _ _ _ _ _ _ _ _ _ _ _ _

Das höre ich gerne _ _ _ _ _ _ _ _ _ _ _ _ _ _ _ _ _ _

Dieses Tier finde ich toll _ _ _ _ _ _ _ _ _ _ _ _ _ _

Ich verkleide mich gerne als _ _ _ _ _ _ _ _ _ _ _ _ _ _ _ _ _ _

Ich spiele gerne

Wenn ich König/Königin wäre, würde ich _ _ _ _ _ _ _ _ _

_ _

Mein schönstes Erlebnis _

_ _

_ _

Das würde ich gerne mal mit dir machen _ _ _ _ _ _ _ _

_ _

Ich mag dich, weil _

_ _

Ein gemaltes Bild oder ein Foto für dich.

Huhu!

Ich heiße -

- -

Geboren bin ich am - - - - - - - - - - - - - -

in -

Mein Sternzeichen ist - - - - - - - - - - - - - -

Foto oder gemaltes Bild

Zu meiner Familie gehören - - - - - - - - - - -

- -

Ich wohne -

- -

Meine Telefonnummer - - - - - - - - - - - - - -

Mein besonderes Kennzeichen -

Ich bin - - - - - - groß, habe - - - - - - - - - - - Augen

und - - - - - - - - - - - - - - - - - - - Haare.

Das habe ich für dich gemalt oder gebastelt.

Das mache ich am liebsten -

- -

Das kann ich supergut - - - - - - - - - - - - - - - - - - -

Das finde ich rabenstark -

Das mag ich gar nicht -

Meine Lieblings-Farbe - - - - - - - - - - - - - - - - - - -

Mein Lieblings-Essen - - - - - - - - - - - - - - - - - - -

Mein Lieblings-Buch - - - - - - - - - - - - - -

Das höre ich gerne - - - - - - - - - - - - - - - - -

Dieses Tier finde ich toll - - - - - - - - - - - - -

Ich verkleide mich gerne als - - - - - - - - - - - - - - - - - - -

Ich spiele gerne -

Wenn ich König/Königin wäre, würde ich - - - - - - - -

- -

Mein schönstes Erlebnis - - - - - - - - - - - - - - - - - - -

- -

- -

Das würde ich gerne mal mit dir machen - - - - - - - - - -

- -

Ich mag dich, weil -

- -

Ein gemaltes Bild oder ein Foto für dich.